# DE AMOR Y DE CITAS

# DE AMOR Y DE CITAS

## Encuéntralo, embóbalo
## y conquístalo en la primera cita

### Erika Stalder

 Planeta

Título original: *The date book*

Traducción: Emiliano Gutiérrez Popoca
Ilustraciones: Catalina Sánchez de la Peña
Diseño de interiores: Víctor M. Ortiz Pelayo / www.nigiro.com
Diseño de portada: Marvin Rodríguez
Imagen de portada: iStockphoto

© 2007, Erika Stalder

Derechos mundiales en español
Publicado mediante acuerdo con Zest Books, San Francisco, CA,
Estados Unidos de América

© 2012, Editorial Planeta Mexicana, S.A. de C.V.
Bajo el sello editorial PLANETA M.R.
Avenida Presidente Masarik núm. 111, 2o. piso
Colonia Chapultepec Morales
C.P. 11570 México, D.F.
www.editorialplaneta.com.mx

Primera edición: enero de 2012
ISBN: 978-607-07-1014-8

Impreso en los talleres de Litográfica Ingramex, S.A. de C.V.
Centeno núm. 162, colonia Granjas Esmeralda, México, D.F.
Impreso y hecho en México – *Printed and made in Mexico*

Empezar a salir con un chico puede ser la experiencia más linda y emocionante del mundo. Te brinda la oportunidad única de darle toda tu atención a ese chico guapo en quien piensas todo el tiempo (y recibir, a cambio, atención de él).

Al principio todo parece perfecto. En tu fantasía, imaginas que sale tu lado más intenso, cariñoso, ocurrente y superdivertido; siempre dices la frase oportuna en el momento indicado. Además, te ves increíble. Hasta aquí, en tu cabeza todo va de maravilla.

Pero entonces, te empiezas a hacer un montón de preguntas: ¿cómo le hago para que mis papás, que son superestrictos, me dejen salir?, ¿qué ropa me pongo?, ¿a dónde iremos? Y la peor: ¿esto es una cita de verdad o no?

Hay mucho qué tomar en cuenta, obvio. Pero nada de qué preocuparse.

En realidad es mucho más simple de lo que parece. Puede que salir con alguien sea completamente impredecible, pero créeme: sí puedes trazar un plan y prepararte para la experiencia.

En *De amor y de citas*, aprenderás todo lo que no te enseñan en la escuela (y siempre quisiste saber) sobre las citas, como descifrar las señales confusas de los chicos, obtener los permisos de los papás más estrictos, evitar a los patanes y crear un límite físico sin sentirte como una monjita. Conseguirás autoanalizarte para que encuentres **el tipo de primera cita que mejor va contigo**; identificarás las razones para salir con un chico, y aprenderás cómo arreglarte en solo 10 minutos para un encuentro de última hora (y créeme, sí se puede). *De amor y de citas* también tiene un montón de consejos para que sepas qué decir y qué hacer en una cita (y cómo escaparte si el galán de tus sueños se convierte en una pesadilla).

Para escribir este libro exploramos el turbulento universo de las citas y entrevistamos a docenas de chicos de prepa (si no les preguntas, ¿cómo vas a saber lo que piensan?), de modo que aprendas **hasta el último detalle y puedas relajarte, proyectar seguridad total y pasártela de lo mejor** cuando llegue el gran día de salir con tu nuevo galán. Porque de eso se trata, ¿no?

# ÍNDICE

# 1

# EL ADN DE LAS CITAS
Cómo saber si tienes una cita de verdad

## ¿Qué significa tener una cita, exactamente?

Igual que la diferencia entre *te quiero* y *te amo*, la palabra "cita" es subjetiva y tiene miles de definiciones distintas. Llegar a comprender qué es una "cita", y saber si tienes una cita de verdad con alguien, es más difícil que hacer una pila de Jenga completa con guantes para hornear en las manos.

A lo largo del tiempo, el ADN de la cita ha desconcertado a más de uno. Piensa, por ejemplo, en los jóvenes amantes más famosos de la historia, Romeo y Julieta. Podría decirse que esta pareja en realidad no tuvo ni una sola cita. Simplemente se conocieron en una fiesta, se casaron al día siguiente y la próxima vez que se vieron fue solo para asistir a sus propios funerales. Audrey Hepburn, en *Desayuno en Tiffany's,* estaba todo el tiempo con muchos hombres, pero técnicamente, ¿tenía citas con todos? ¿O solo "se veían"? ¿O acaso "estaban saliendo"?, ¿o ninguna de las anteriores? También tenemos el ejemplo de la pareja que protagoniza la peli *Cuando Harry conoció a Sally.* Fueron amigos por años, iban a restaurantes, a museos y a fiestas, y no querían ponerle la etiqueta de "cita" a todas sus salidas, pero al final resulta que se quedan juntos.

Entonces, ¿qué significa tener una cita, exactamente?

## DE AMOR Y DE CITAS

Si vas por un helado con el galán de tu salón después de la escuela, ¿es una cita? ¿O lo único que comparten es su amor por los postres? ¿Y qué tal cuando te topas con el chico que te gusta en un partido de futbol, porque medio hicieron el plan de verse vía mensajes de texto? Se la pasan increíble, pero no sabes cuál será el siguiente paso. ¿Cómo averiguas qué hacer después?

En las últimas décadas, las cosas se han vuelto más complicadas. Nuestros abuelitos nos cuentan de aquellos tiempos cuando Fulanito invitaba a Fulanita al autocinema, pero ese tipo de citas son más difíciles de encontrar que los propios autocinemas. En el mundo actual los chicos y las chicas se ven como iguales y se la pasan juntos como amigos todo el tiempo. Claro que esto tiene sus ventajas, pero también abre las puertas a todo tipo de confusiones. Así que, a veces, las chicas tienen que convertirse en detectives para descubrir si salen en plan de ligue o en plan de amigos.

## Juega al detective

Cuando quieras descifrar si estás en una cita de verdad, lo más importante que debes hacer es fijarte en lo que ocurre a tu alrededor para hallar cualquier pista. Digamos que van al cine juntos. ¿Se viste un poco mejor que de costumbre? ¿Se ve nervioso, es más educado y se sienta cerca de ti? ¿Usa loción? Si es así, entonces todo indica que estás en una cita. Pero, si se aparece con ropa deportiva apestosa y se la pasa toda la noche hablándote de otra chica, entonces... creo que no.

Si te invita a salir en grupo, la situación se pone todavía más engañosa. Para empezar, está el rollo de que ni siquiera te invitó a salir solo a ti, sino que le dijo a un montón de gente. ¿Es una cita o un evento social? En segunda, no solo pasa tiempo contigo, sino con todos. Si lo ves platicando con otra de las chicas que están ahí, puede que te preguntes si no estará ligando con ella. O si se hace superamigo de otro chavo igual de traumado con el rock que él y se la pasan hablando sobre qué guitarrista es mejor, si Hendrix o Clapton; cuál guitarra comprar, de 12 o de 6 cuerdas; o qué es mejor, si el *emo* o el *indie...* a lo mejor acabas pensando que ellos serían la pareja perfecta.

**Para facilitarte la vida, aquí tienes una tabla que te ayudará a interpretar las pistas a tu alrededor la próxima vez que salgas y te preguntes: ¿será una cita de verdad?**

| ¿Se trata de una cita de verdad? | Sí | No lo creo |
|---|---|---|
| Te invita en persona a ir a algún lado y después te llama para confirmar. | ✳ | |
| Cuando salen, te abraza al ver que otros chavos se acercan, es decir, trae la actitud de "ella viene conmigo". | ✳ | |
| Te invita a salir, pero también invita a todos sus amigos para que vayan con ustedes. | | ✳ |
| Bromea contigo, pero no en mala onda. | ✳ | |
| Cuando salen te empieza a hablar de otras chicas. | | ✳ |
| No se esfuerza en lo absoluto por vestirse bien. | | ✳ |
| Aunque están en grupo, siempre trata de sentarse junto a ti en los juegos, en el cine o para comer. | ✳ | |
| Si van con sus amigos, le presta más atención a todos menos a ti. | | ✳ |
| No te saluda ni se despide de ti directamente, ni cuando llega ni cuando se va. | | ✳ |
| Encuentra la manera de hacer contacto físico contigo de forma sutil. Juega con los pies debajo de la mesa o roza tu mano con la suya. | ✳ | |

| ¿Se trata de una cita de verdad? | Sí | No lo creo |
|---|:---:|:---:|
| Durante la velada se preocupa de que la estés pasando bien. | ✳ | |
| Te lanza sonrisas coquetas. | ✳ | |
| Le presta más atención a su celular, su PSP, o a cualquiera de sus *gadgets* que a ti. | | ✳ |
| Te invita de forma abierta (y despreocupada) a verse en el futuro. | ✳ | |

Si él no te manda ninguna señal, mándale tú algunas: toca su brazo cuando hables con él o míralo a los ojos mientras le muestras tu sonrisa más sexy y ve cómo responde. La clave es poner atención a cada detalle para que sepas cómo actuar.

## ¿Cuál es el tipo de cita que va más contigo?

Si no sabes qué tipo de cita va de acuerdo con tu estilo de vida, checa los pros y contras de los diferentes planes que puedes armar para ese día especial.

## La cita uno a uno

*Pros:*

- 💜 Obtienes un rato exclusivo y toda la atención de tu chico.
- 💜 No tienes que consultar a otras personas para hacer tu plan.
- 💜 Privacidad.

*Contras:*

- ✤ Tú o él tienen toda la presión encima para planear la velada.
- ✤ Solo están tú y él para hacerse la plática.
- ✤ No cuentas con el apoyo de tus amigas.
- ✤ Es más probable que tus papás no te den permiso.

## La cita doble

*Pros:*

- 💜 Será fácil romper el hielo si hay más personas platicando.
- 💜 No tienes tanta presión para encontrar un tema de conversación.
- 💜 Tienes a otra chica para más tarde recapitular todo lo que suceda.

*Contras:*

- ✤ Las cosas se pueden poner incómodas si resulta que la otra pareja no se lleva muy bien.
- ✤ Las cosas se pueden poner incómodas si resulta que la otra pareja se lleva *demasiado* bien.
- ✤ Menos privacidad.

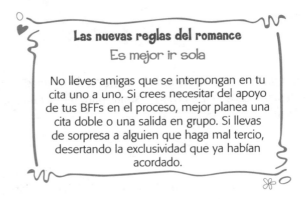

**Las nuevas reglas del romance**

Es mejor ir sola

No lleves amigas que se interpongan en tu cita uno a uno. Si crees necesitar del apoyo de tus BFFs en el proceso, mejor planea una cita doble o una salida en grupo. Si llevas de sorpresa a alguien que haga mal tercio, desertando la exclusividad que ya habían acordado.

## La cita a ciegas

*Pros:*

- 💜 Lo único que tienes que hacer es ir.
- 💜 Las sorpresas pueden ser divertidas (tal vez te topes con alguien muy especial).
- 💜 Si la amiga que los presenta conoce tus gustos, tu chico podría ser alguien que comparta tus ideas y tus pasiones.

*Contras:*

- 🌸 Puede que te toque salir con un chico tan inseguro que no se atreva a organizar su propia cita.
- 🌸 No todas las sorpresas son buenas (podría tocarte un perdedor).
- 🌸 Si al final consideras que no te interesa, podría afectar tu relación con los amigos que tengan en común.

## La cita en grupo

*Pros:*

- 💜 No tienes que esforzarte mucho para hacerle la plática.
- 💜 Hay muchas rutas de escape.
- 💜 Tus amigas te pueden ayudar a descifrar las señales de tu galán.
- 💜 Conseguir que tus papás te den permiso es lo más fácil del mundo.

*Contras:*

- 🍀 Los efectos secundarios: que tu chico mire a otras.
- 🍀 Estarás compartiendo tu cita con decenas de amigos.
- 🍀 Será difícil desaparecer para tener una sesión de besos.

# ¿Qué clase de chica eres en tus citas?

**Descubre qué tipo de cita va mejor con tu personalidad con este *test*.**

1. **Mi idea de pasarla bien es...**

   A. el ping-pong, la rueda de la fortuna, o cualquier otra actividad hecha para dos… Me gusta poner toda mi atención en un chico a la vez.

   B. salir a cenar con algunos amigos cercanos, con luz romántica y música de fondo.

   C. ver una película poco conocida en un cine de arte.

   D. ¡una fiesta!, con 150 amigos, botana y una pista de baile.

## DE AMOR Y DE CITAS

### 2. Para mí hacer plática es...

    **A.** pan comido: siempre y cuando tenga que hablar con una persona y nadie se entrometa.

    **B.** como un auto viejo: al principio me cuesta arrancar, pero después no hay quién me pare.

    **C.** mejor si no conozco para nada a la persona, así podemos hacernos muchas preguntas.

    **D.** fácil, agradable y natural.

### 3. Planeo mis propias fiestas de cumpleaños...

    **A.** yo sola, con 11 meses de anticipación. Busco la perfección en cada detalle.

    **B.** de vez en cuando, aunque por lo general me gusta ser espontánea.

    **C.** nunca. Es mejor cuando otras personas organizan tu fiesta, invitan a un montón de gente y solo te piden que vayas.

    **D.** ¿planear? Lo que se necesita para hacer una fiesta son: un lugar lleno de gente y mi presencia.

### 4. Cuando entro a un lugar, me gusta...

    **A.** que el chico con el que quiero me vea únicamente a mí y a ninguna otra.

    **B.** que a las personas les guste lo que llevo puesto.

    **C.** ver una cara nueva entre la gente.

    **D.** platicar con toda la gente, (con todos al mismo tiempo).

### 5. Cuando me preparo para un examen final de biología, casi siempre...

    **A.** organizo una sesión intensiva con mi compañero / a de laboratorio en mi casa.

**B.** me reúno con un pequeño grupo de estudio de personas que conozco bien.

**C.** le digo a chicos con los que nunca he hablado que formemos un grupo de estudio, ¡qué buena manera de conocer gente nueva!

**D.** me junto con tantos amigos como pueda, (12 cabezas piensan mejor que una).

6. **Mi manera favorita de platicar es...**

**A.** frente a frente, cualquier otra cosa sale sobrando.

**B.** en una atmósfera familiar con gente que conozco bien (como una plática con mis compañeras de equipo después de la práctica de voleibol).

**C.** iniciando una conversación sobre cualquier tema con alguien en el autobús o en la fila del super, el lugar es lo de menos.

**D.** por mensaje de texto, por el *chat*, por *e-mail*, ¿tengo que escoger solo una?

7. **Si yo fuera un personaje de Sex and the City sería...**

**A.** Miranda.

**B.** Charlotte.

**C.** Carrie.

**D.** Samantha.

Si la mayoría de tus respuestas son A:

lo mejor para ti es la cita uno a uno.

Eres una chica que valora más la calidad que la cantidad. Prefieres centrar tu atención en una sola cosa a la vez y te encanta tener el control sobre los detalles. Lo que para algunas es una situación de estrés, como salir con alguien nuevo, para ti es como andar en bicicleta. Definitivamente lo tuyo son las citas uno a uno.

Si la mayoría de tus respuestas son B:

### lo mejor para ti es la cita doble.

Te gusta salir con otras parejas. Te encanta la idea de tener una amiga a tu lado que te avise si tienes *lipstick* en los dientes y con quien puedas compartir tus experiencias. En una cita doble encuentras el balance perfecto, porque sales con un grupo más íntimo sin tener toda la carga de hacer plática y de tomar todas las decisiones.

Si la mayoría de tus respuestas son C:

### lo mejor para ti es la cita a ciegas.

En tus citas eres, por un lado, romántica, y por el otro, una investigadora profesional. Te encanta conocer a todo tipo de gente nueva y descubrir cómo son. No tienes miedo de jugar a los dados con las emociones y entiendes muy bien la idea de que hay que besar muchos sapos para encontrar a tu príncipe. Todo esto te califica como la mejor para una cita a ciegas.

Si la mayoría de tus respuestas son C:

lo mejor para ti es la cita en grupo.

Eres una chica asertiva, sabes lo que quieres y te encanta tener toda la atención. Te conviertes en la indicada para iniciar la fiesta y hacer que perdure toda la noche. Una cita en grupo va de maravilla con tu actitud de "entre más gente mejor" y te permite irte de reventón y tener una cita al mismo tiempo. ¡Qué más puedes pedir!

# 2

# EL PRIMER PASO

Cómo hacerle para que se dé cuenta
de que te interesa

# Cómo propiciarlo todo

Aceptémoslo: los chicos son de lo más despistados. No siempre tienen iniciativa y no son tan maduros como nosotras. Esto no lo digo para hablar mal de ellos. La ciencia nos demuestra que las chavas desarrollan habilidades sociales y de organización más pronto que los chavos. Y como sabe cualquier chica de secundaria que ha bailado con un tipo bajito en una fiesta, el cuerpo de las chicas también se desarrolla más rápido. Por supuesto que ellos tienen otras cosas que los favorecen, como ser encantadores, juguetones, graciosos... Además, tienen hombros hermosos. Pero, cuando se trata de captar indirectas, pueden ser muy torpes.

El caso es que a veces depende de nosotras dar el primer paso para tener una cita. Existen dos maneras de hacerlo. Está la opción A, para el tipo de chica extrovertida, que le gusta tomar la iniciativa y conseguir lo que quiere: simplemente invítalo a salir. También está la opción B, para las chicas más reservadas, tímidas e introvertidas a las que no les gusta arriesgarse demasiado: mándale indirectas y coquetea sutilmente hasta que logres que él te invite a salir. Ambas opciones son buenas para hacerle saber al chico de tu interés que te gustaría salir con él. Léelas cuidadosamente y decide cuál de estas propuestas te conviene más para conseguir tu próxima cita.

## Opción A: salte con la tuya

En los tiempos de nuestras abuelitas, invitar a un chico a salir significaba un acto de desesperación. También era socialmente mal visto. Las mujeres debían esperar a que ellos dieran el primer paso. Por suerte para nosotras, esta forma de pensar ya quedó atrás (junto con las faldas hasta los tobillos y la ropa interior enorme e incómoda).

No hay ningún problema con que una chica invite a un chico al cine. Tener éxito es mucho más fácil de lo que crees. De las docenas de chavos que entrevistamos para escribir este libro, la mayoría le diría que sí a una mujer si lo invitara a salir. Su lógica es: "¿por qué no salir con ella si me está invitando?". ¿Y qué hay de los pocos que no se animaban? Lo hacían más como una manera de mantener su apariencia de macho (que por cierto, debes tomarlo en cuenta como una señal de alerta). Conclusión: si te dice que no, lo más seguro es que no sea el chico maduro, inteligente y comprensivo con quien deseas salir.

**Tu filosofía:** ¿Por qué esperar a que sucedan las cosas si tú misma puedes hacer que ocurran?

**Tu inspiración:** Madonna.

**Tu estrategia:** Aunque creas estar lista para actuar (y claro que lo estás), hasta las chicas más valientes sienten ñáñaras cuando se trata de entrar en acción. Aquí te damos algunos *tips* para llevar a cabo tu plan sin regarla.

HAZLO TÚ MISMA. No mandes a ninguna amiga a que le exprese *tu* interés. Esto no solo se ve inmaduro, sino que tampoco le da muchas razones para aceptar la invitación. Si no te preocupas por invitarlo tú misma, ¿por qué habría de preocuparse por pasar tiempo contigo? Otro problema que podría surgir es que él piense que tu amiga quiere con él. El resultado de esta ecuación puede ser desastroso. Si no te sientes lo suficientemente segura para hablar con él de frente, mejor no lo invites.

SÉ DIRECTA. Si le propones a un chico que salgan por medio de un mensaje de texto, un *e-mail* o el *chat*, dejarás la puerta abierta para una lluvia de malentendidos:

a. Es probable que su correo no reconozca tu dirección y el incitante, lindo y perfectamente pensado mensaje que escribiste acabe en la carpeta de *spam*.

b. Puede ocurrir que la conexión inalámbrica se desconecte justo cuando le estás mandando tu mensaje.

c. Puede ser que él vea tu invitación dos días después.

Si eres una chica que sabe lo que quiere, estos métodos podrían ocasionarte muchos problemas (de comunicación o de otro tipo).

Por el contrario, si le preguntas en persona, o incluso por teléfono, tu invitación no se perderá en el espacio (solo fíjate bien que no esté distraído mientras hablas con él).

**SÉ ESPECÍFICA.** Los chicos son tan buenos para comprender las indirectas como para entenderte cuando estás en tus días. Además, lo que buscas es que te dé una respuesta directa, y no que te diga algo que tengas que estar descifrando junto con tus cinco mejores amigas. Si le dices: "¿Quieres hacer algo un día de estos?", te arriesgas a que te responda de forma poco clara, como: "Eh… ajá, un día de estos". Si le dices algo más concreto y directo como: "¿Quieres ir a la graduación conmigo?" o "Tengo un boleto extra para ir a un concierto el viernes, ¿quieres venir?", obtendrás una respuesta clara: sí o no. Solo así saldrás de dudas.

**ESCOGE EL MOMENTO ADECUADO.** La mejor ocasión para invitarlo es cuando esté solo, sin nadie de su grupito de amigos. Así no se verá tentado a lucirse frente a ellos y te brindará toda su atención.

**MANTÉN LA PERSPECTIVA.** Aunque invitarlo a salir parece la gran cosa, piensa en la importancia de este momento en comparación con graduarte (mínima), o el impacto que esto tendrá en toda tu vida (casi ninguna), o cómo afectará esto al planeta (nula).

Ya que tengas los pies en la tierra, podrás invitarlo con una actitud despreocupada que te permitirá estar puestísima para tener una conversación fresca y desinhibida.

**Los riesgos:** Obviamente estás exponiendo tu (preciosa) cabecita al hacer esto. Él podría decirte que no y dejarte avergonzada, sorprendida, o ambas y preguntándote por qué te rechazó. No pierdas tu tiempo. Lo más importante es que no se trata del fin del mundo. Si no está listo para salir con una chica tan fabulosa como tú, entonces intenta poner tus ojos en alguien más. También recuerda que entre más práctica tengas para invitar a los chicos menos te importará si te dicen que no.

## Opción B: cuídate la espalda

Es muy normal que tengas tus dudas sobre invitar a salir a un chico. Pero, si estás a la defensiva todo el tiempo, no llegarás a ningún lado. El que no arriesga no gana. Puedes hacerle saber que te gusta sin tener que lanzártele. Ser linda, coquetear e insinuarle que estás disponible para salir son técnicas que las mujeres hemos empleado por siglos para que ellos capten el mensaje. Después, él estará perfectamente listo para invitarte (si está interesado), y tú no tendrás que arriesgarte. Además, si él es un poquito tradicional, a lo mejor le gusta tomar las riendas del asunto.

**Tu filosofía:** Si lo haces bien, él vendrá a ti.

# DE AMOR Y DE CITAS

**Tu inspiración:** Marilyn Monroe.

**Tu estrategia:** Hay una línea muy delgada entre lanzarte e insinuarte. Estos son algunos *tips* a prueba de errores para hacerle saber que te gusta sin convertirte en su *stalker*.

**INVOLÚCRATE EN SU MUNDO.** Es prácticamente imposible que un chico se dé cuenta de que le gustas sin interactuar con él. Invítalo a fiestas o a otras reuniones con tus amigos para que esté cerca de ti. Si le avisas de varios eventos y nunca va, puede que no esté interesado.

**HABLA CON ÉL.** Hay muchos pretextos para interactuar con el chico que te gusta. La próxima vez que lo veas en la cafetería o en una reunión de equipo, dile que te gusta su camiseta o pregúntale cómo le fue el fin de semana. Entre más platiquen más se fijará en ti, además le gustará que le prestes atención.

**MÁNDALE INDIRECTAS.** Cuéntale qué te gusta hacer y así le darás la oportunidad para que te invite a salir. Si quieres ir al cine con él, dile que te mueres por ver la última peli de terror. Con esto dejarás la puerta abierta para que se anime a salir contigo.

**MUÉSTRALE TU APOYO.** Una buena forma de manifestarle al galán en cuestión que te importa es interesarte especialmente por su vida. Si vas a su partido de *basket* o si lo ayudas con un problema difícil de geometría, te estarás introduciendo en su mundo y además, sin tener que decírselo directamente, verá que te interesas por él.

### Las nuevas reglas del romance
#### Engancha al chavo que te gusta

Una manera dulce de coquetear consiste en mantenerle la mirada por un momento. El contacto visual no solo te hace ver más segura de ti misma, sino que además demuestra que te interesas por su plática. Si el chico es lo suficientemente atractivo, seamos francas: no te costará ningún trabajo.

# DE AMOR Y DE CITAS

**Los riesgos:** A veces, por más claras que sean las señales, los chicos no se enteran de lo que sucede. Si no capta tus indirectas, tendrás que recurrir a la opción A y ser más directa. ¡Pero cuidado! Existe la posibilidad de que simplemente no esté interesado. En ese caso, si le tiras la onda e insistes en hacerle la plática solo lograrás fastidiarlo. Fíjate en su actitud y si percibes que es indiferente contigo o que de plano no te corresponde, detente y olvídalo.

El príncipe azul

### Las nuevas reglas del romance
#### Mantén los pies en la tierra

Si pones a tu "príncipe azul" en un pedestal, bájalo de ahí inmediatamente. No importa lo celestial que parezca. Él también come, se lava los dientes (esperemos), y se despide de su mamá todos los días igual que tú. Entre más pronto te des cuenta de que es humano, mejor. Siempre será mucho más fácil coquetear con alguien a quien consideres "sexy pero alcanzable" y no un semidiós.

Para que se te pase el embobamiento mental y físico, la próxima vez que lo veas por los pasillos, recuerda que debajo de ese cuerpo marcado de nadador también está el chico que se echa pedos, tiene inseguridades y puede llegar a ser tan tonto como tu mejor amiga.

# 3

# QUEJAS Y SUGERENCIAS

Qué hacer y a dónde ir

# Arma tu plan

Si tú vas a ser la valiente que invite a salir al chico en cuestión, debes tener un plan: ¿a dónde ir?, ¿cuándo? Ya sabes, todo ese *show*. Incluso si esperas que él sea el aventado, siempre es bueno tener una alternativa. Las situaciones inesperadas están a la orden del día, como que el clima lo arruine todo, o que se acaben los boletos para algún evento. Entonces te verás forzada a tomar algunas decisiones de último minuto. Además, siempre es bueno tener un as bajo la manga en caso de que su plan esté de flojera.

## Las citas clásicas

Puede ser que una cita ya sea lo suficientemente estresante como para todavía planear algo fuera de lo común. Si quieres tener una onda casual y una cita sencilla, prueba con una de las siguientes propuestas que, además, son a prueba de errores ya que han funcionado por generaciones.

### Salir a cenar

Es un hecho que todos tenemos que comer. Cuando escojas un restaurante, busca uno que no sea demasiado caro. Ten en cuenta que muchos chicos se ofrecen a pagar la cuenta y si escoges el lugar más caro de la ciudad, se verá pretencioso y de mal gusto (no importa si preparan la langosta más fina). Al momento de elegir el tipo de comida, evita la que te deje ese mal aliento que funciona como repelente de besos y no se te quita ni con las mentas más fuertes (o sea, olvídate del ajo). Tampoco elijas sushi, espagueti o costillas; este tipo de comida puede salir volando en un segundo de tus palillos o de tu tenedor.

A la hora de ordenar, siempre recuerda: a muy pocos hombres les gusta una chica que se ponga en el papel de diva anoréxica y que medio coma una ensalada sin aderezo en lugar de un plato de verdad. Si te pones en este plan solo te verás insegura, y eso no es muy atractivo que digamos. Pero lo peor de ponerte en esta situación es que te irás a casa muriéndote de hambre.

**La ventaja:** compartir la comida es la mejor manera de aumentar el contacto.

**Perfecto para:** la chica a la que se le da la plática. Tienes un momento perfecto entre la orden y la llegada de la comida para tener una conversación que los hará conocerse mejor.

## ir al cine

¿A quién no le gusta una buena peli para pasar el rato? Ir al cine es una salida a prueba de errores. Los dos pueden reír, llorar y viajar a lugares maravillosos sin tener que ser especialmente ingeniosos, expresar sus emociones abiertamente o tener el equipo necesario para un viaje intergaláctico.

Así te mueras por ver la peli de moda primero averigua qué tipo de películas le gustan, o, mejor aún, pregúntaselo tú misma. Si no le gustan las escenas de amor cursis, mejor reserva esa peli para una noche de chicas y elige algo más neutral.

**La ventaja:** incluye diversas oportunidades para abrazarse en la oscuridad sin que exista la posibilidad de quitarse la ropa.

**Perfecto para:** chicas tímidas o que se mueran de los nervios. Hasta en las peores películas, los personajes son los que hablan, no tú. Y lo mejor es que la trama de la peli, o la falta de la misma, te dará algo de qué hablar saliendo del cine.

# DE AMOR Y DE CITAS

## La graduación

Aunque la decoración del salón casi siempre está chafísima, este tipo de cita siempre tiene los típicos elementos románticos: media luz, baile romántico y ropa formal. Te da chance de usar el vestido *strapless* que siempre te quieres poner sin que te veas demasiado formal. También te da la oportunidad de convivir con muchas otras personas y, al mismo tiempo, tener a tu galán designado a la hora de las canciones más románticas.

**La ventaja:** bailar abrazaditos, obvio.

**Perfecto para:** chicas a las que les guste lo tradicional, lo elegante y los chicos de traje; y que no le importe ser el centro de las miradas de los chaperones presentes.

## La fiesta

Este es un tipo de cita sin compromisos. Tienes la oportunidad de aparecerte del brazo de un galán guapísimo pero también puedes bailar con otras personas. Aunque recuerda: ir a una fiesta en tu primera cita también puede tener sus complicaciones. Es importante que le des la oportunidad a tu chico de tomar sus propias decisiones y dejarlo mezclarse con las demás personas, pero que no se te olvide que vienen juntos. Regresa con él de vez en cuando y llévatelo a la pista para pasar un rato de diversión y coqueteo.

**La ventaja:** puedes divertirte con tus amigos *y además* escaparte para tener un maratón de besos con tu galán.

**Perfecto para:** la chica que lo quiere todo y sabe cómo conseguirlo.

## Citas fuera de lo común

Si a ti y a tu *date* no les gustan las citas más tradicionales, como los bailes de graduación, los eventos deportivos, las fiestas o cualquiera de las cosas que todos los demás hacen, puedes buscar una alternativa más creativa. Eso no quiere decir que tengas que tomar un vuelo en un avión privado, cenar en un yate o cualquier idea sacada de una película de Hollywood que implique un presupuesto de millones de dólares y una historia irreal. No importa si no eres rica o si no tienes un estudio de efectos especiales a la mano, no permitas que eso no te detenga para planear una cita original. Puedes probar alguna de estas ideas, o invéntate una propia.

### Descubran el *hobbie* del otro

A lo mejor ustedes no se conocen tan bien en su primera cita. Una forma segura de acelerar el proceso de involucrarse es enseñarle alguno de tus *hobbies* o aprender los suyos. Si eres la mejor andando a caballo, llévatelo a cabalgar. Si a él le gusta hacer trucos con la bicicleta, proponle pasar una tarde juntos para que te enseñe cómo hacer alguno (solo asegúrate de usar casco y rodilleras).

Recuerda que si él te enseña alguna actividad o (si tú lo haces) es muy importante que seas paciente y que no seas orgullosa. Puede que al principio no destaques en su deporte favorito, pero no dejes que eso te ponga de malas.

**La ventaja:** compartir tus intereses con él y aprender a hacer algo nuevo.

**Perfecto para:** la chica que ama las aventuras.

## Es hora de jugar

Hay quien dice que la pareja que juega unida permanece unida. Pon a prueba este dicho y organiza tu cita en torno a una competencia amistosa. Planea una salida al boliche, una visita al campo de mini-golf, o vayan a un lugar cercano de videojuegos o juegos de destreza. Verás que es una excelente manera de pasar un buen rato juntos y además *jugar* un poco con el contacto físico. La competencia amistosa también es buena idea si sales en una cita doble. Puedes organizar una noche de póquer o una mañana de gotcha: asegúrate de que tu galán esté en el mismo equipo que tú.

**La ventaja:** contacto físico sin ninguna presión. ¿Quién quiere jugar Twister?

**Perfecto para:** el tipo de chica deportista y activa que no se toma las cosas demasiado en serio.

### Ponte en escena

Si el chico que te late tiene alma de cineasta, atráelo con un plan artístico. Para ser creativa en una cita no necesitas ir a uno de esos aburridos talleres de "haz tu propia artesanía". En lugar de eso, proponle grabar y editar un video entre los dos para subirlo a YouTube. También pueden tomar fotos por la ciudad. Imprímanlas mientras comen algo; también pueden intercambiar tarjetas de memoria y quedar en compartir fotos la próxima vez que salgan.

**La ventaja:** tendrás un vistazo exclusivo por la ventana de su alma.

**Perfecto para:** la artista fotográfica.

## DE AMOR Y DE CITAS

### Vete de boleto

No importa si te gusta la música, el teatro o los deportes extremos, comprar boletos para un evento especial es una excelente manera de obtener más puntos gracias a tu creatividad. Si te enteras de que pronto habrá un concierto o que un nuevo artista se presentará en tu lugar favorito, compra los boletos con algunos días de anticipación. (Recuerda usar tu credencial de estudiante en los lugares donde puedas obtener un atractivo descuento). Si tu galán y tú comparten su amor por el *hip-hop* y escuchas que habrá una presentación de raperos poco conocidos, aprovecha esta oportunidad y enriquezcan sus experiencias musicales.

**La ventaja:** le mostrarás a tu chico que estás a la vanguardia.

**Perfecto para:** la chica que impone tendencias.

# 4

# TÚ CONTRA LAS PERSONAS QUE CONTROLAN (O QUIEREN CONTROLAR) TU VIDA

Estrategias infalibles para conseguir
que tus papás te den permiso

# Operación luz verde

Obtener permiso para salir en una cita puede ser lo más fácil del mundo, o bien toda una batalla campal. Todo depende de cómo sean tus papás. Si tienes que pedirle permiso al Señor y la Señora Aliviane, total: ya estarás acostumbrada a jugar con tus propias reglas. (Si este es tu caso entonces puedes agradecerle al cielo por eso). Pero para la chica que prácticamente tiene que darle una hoja de Excel a sus papás con todo su itinerario para esa tarde y una lista de contactos antes de poder poner un pie fuera de su casa, obtener el permiso tan deseado se ve tan poco probable como ser la próxima presidenta.

Pero no temas. Todo lo que necesitas es que tus papás te perciban como una chica madura y lista para salir en una cita; solo se trata de ser un tanto persuasiva y tener buenas razones de tu lado. Conviértete en tu mejor abogada.

## Prepárate antes del juicio

Cuando se trata de presionar para obtener lo que quieres, lo más importante es saber cómo presentar tu caso. El truco para convertir a un papá estricto en uno que te diga que sí a todo, está en planear un argumento perfecto, igual que una abogada que prepara su caso para exponerlo ante la corte.

## DE AMOR Y DE CITAS

Pero antes de presentar tu caso es importante que encuentres el momento adecuado para hablar con tus padres. Lo mejor es que elijas un instante en el que te puedan brindar toda su atención. (*Tip*: si están tratando de hacer que tu hermanito se quede quieto mientras preparan la comida, espera). Otro buen truco es aguardar el instante en que estén completamente relajados, como cuando acaban de hacer ejercicio. Hay estudios que demuestran que las personas se ponen de buen humor cuando liberan endorfinas durante el ejercicio (y créeme, te conviene que estén de buenas). Esto permitirá que lo tomen con tranquilidad y que no se enojen o tomen decisiones apresuradas por tener un alto nivel de estrés. Si tus papás nunca ponen buena cara, intenta programar un tiempo para platicar con ellos, así, por lo menos, estarán dispuestos a escuchar lo que les quieres decir.

## LA FORMA INCORRECTA

**Tú:** Oye papá, quería preguntarte si me dejas salir el viernes.
**Tu papá:** Me puedes pasar un sobre y unas estampillas, tengo seis minutos para mandar este contrato por correo.

Aborta la misión e inténtalo de nuevo cuando no esté tan estresado.

## LA FORMA CORRECTA

**Tú:** Hola papá, ¿cómo estás?

**Tu papá:** Muy bien. Tu mamá está jugando tenis con la vecina… y voy a aprovechar para echarme un helado cubierto con chocolate (guiño).

**No pierdas la oportunidad y ofrécete a servir el chocolate.**

Ya que tengas toda la atención de tus papás, empieza con tu discurso de apertura. Diles que quieres salir con un chico y que enseguida les darás muchas evidencias de por qué salir sin supervisión adulta es una idea segura, fantástica y apta para padres.

# Evidencia A: el perfil

A diferencia de lo que marca el sistema legal, es muy probable que tus papás vean a tu chico como culpable hasta que se demuestre lo contrario. Si tu papá no sabe nada de tu misterioso galán, o tu mamá está segura de que es un jugador de *basket* que también juega con las chicas fuera de la cancha, tendrás que cambiar su ansiedad y su alucine por un sentimiento de seguridad. Entonces, ha llegado el momento de presentar tu "Evidencia A": información sobre tu galán.

Cuéntales un poco sobre él: qué es lo que más le gusta en la vida, cuál es su materia favorita en la escuela; cualquier cosa que haga que tus papás vean una cara más amable y humana de tu chico (en vez del monstruo mitad hombre, mitad bestia que quiere salir con su hija).

Entre más aspectos positivos les cuentes sobre tu *date*, tus papás sentirán que lo conocen mejor, y será más probable que lo aprueben. Por supuesto que no es bueno revelarlo *todo*. Es mejor si no mencionas que es fanático del Heavy Metal o que siempre llega tarde a clase. Con que le des una probadita a tus papás y les compartas la información más básica sobre tu galán, lograrás reducir la posibilidad de que armen un escándalo por que quieres salir con él.

## LA FORMA INCORRECTA

"Mamá, este chavo es superbuena onda. Trabaja en un taller de motocicletas y tiene su propia aguja para tatuar".

## LA FORMA CORRECTA

"Mamá, este chavo es superbuena onda. Tiene experiencia en mecánica y en su tiempo libre explora su lado artístico".

## Evidencia B: comparte tus intenciones

Ahora que conseguiste tranquilizar a tus papás con algunos detalles sobre tu chico, puedes tomarlos por sorpresa con la "Evidencia B": un conjunto de límites que tú misma has diseñado. Esta evidencia consiste en compartir con tus papás todos los planes que tienes para tu cita, además de explicarles con detalle la logística (quién, qué, cuándo y dónde). Sí, seguro es información que de todos modos te iban a preguntar, pero si les dices todo esto antes de que tengan la oportunidad de cuestionarte, les mostrarás, sin que lo vean venir, que tienes iniciativa cuando se trata de tomar en cuenta tu seguridad. Te habrás comportado como adulto y lo mejor es que acumularás muchos puntos a tu favor.

Diles que sientes que ya lo conoces lo suficiente como para salir con él, pero que todavía no han tenido la oportunidad de platicar a solas. De esta forma esperas poder conocerlo mejor y, ¿por qué no?, tal vez le des un beso si te parece que está bien, pero que solo si estás completamente segura de que todo será clasificación A.

## DE AMOR Y DE CITAS

Cuéntaselo a tus papás. (De todos modos, te conviene pensar sobre el contacto físico. Más información sobre este tema en el siguiente capítulo).

Si hablar con tus papás de cómo tú y el galán en cuestión se pasan el chicle te resulta demasiado raro, puedes omitir los detalles más explícitos y comentarles de manera más general hasta dónde quieres llegar en tu cita. El punto es que les demuestres que ya pusiste límites razonables antes de tu encuentro para que se sientan cómodos con las decisiones que ya hayas tomado.

**Advertencia:** muchas veces los papás pueden contraatacar con el clásico: "Sí confío en ti, en quien no confío es en él". Explícales los detalles sobre tu seguridad. Diles que estarás con tus amigos todo el tiempo o que solo se verán en lugares públicos. Promételes que te reportarás cada determinado tiempo si consideran que es una buena idea. Esta sofisticada táctica hará que cualquier paranoia de tus padres se acabe antes de siquiera empezar y realmente considerarán darte permiso.

### LA FORMA INCORRECTA

**Tu papá:** No confío en ese vago.

**Tú:** No te preocupes, papá. Tiene mucha experiencia y sabe muy bien lo que está haciendo.

**Tu papá:** Eso es justo a lo que me refiero. ¿Quieres quedar embarazada?

**Tú:** Lo que quiero es que me dejes en paz. Como sea, voy a salir con él, no me importa si me das permiso o no.

**Tu papá:** ¡No solo no te doy permiso para que salgas con él, no puedes salir en todo el fin de semana!

Esta misión ha sido un fracaso total.

## LA FORMA CORRECTA

**Tu papá:** No confío en ese vago.

**Tú:** No es un vago, papá. Toma cursos avanzados y vive con sus papás, igual que yo. Nada más quiere invitarme a un concierto.

**Tu papá:** Alguna vez tuve tu edad y sé que los chavos solo quieren *una* cosa.

**Tú:** Tú me educaste y sabes que no voy a hacer nada que yo no quiera. Además, vamos a estar en público todo el tiempo.

**Tu papá:** Te quiero en la casa a las 11, de lo contrario, no vuelves a salir jamás.

Ahora sí, ¡ya la hiciste!

# Evidencia C: Pon tus propias reglas

Por último, sugiere tus propias reglas para tu cita. Diles a qué hora te parecería bien regresar a tu casa y en qué momento te reportarás y con quién. Quizás te sientas tentada a planear una supercita. A lo mejor en tu mundo, llegar a las 3 de la mañana, reportarte con la amiga más loca que tienes e ir en motocicleta con tu chico es completamente normal; pero vuelve a la realidad. Es muy importante que te fijes reglas realistas y que estas se encuentren en sintonía con aquellas que tus papás pondrían. Lo que quieres es que te den luz verde para tu cita, y puede que eso requiera ceder en algunos puntos, o en muchos.

## LA FORMA INCORRECTA

**Tú:** Voy a salir con Jorge el sábado por la noche.

**Tu mamá:** ¿Quién es Jorge?

**Tú:** Un chavo.

**Tu mamá:** ¿A dónde van?

**Tú:** No sé, vamos a salir por ahí.

**Tu mamá:** ¿Y a qué hora piensas regresar?

**Tú:** Como a las 2 o 3, a la hora que cierre el antro.

**Tu mamá:** Ni lo pienses, y se acabó.

## LA FORMA CORRECTA

**Tú:** Oye, quería ver si puedo ir con Jorge a la feria el sábado por la noche.

**Tu mamá:** ¿Quién es Jorge?

**Tú:** Es un chavo que conocí patinando en el parque. Jennifer también irá. Te mando un mensaje cuando lleguemos para avisarte que me encuentro bien.

**Tu mamá:** Bueno, está bien.

**Tú:** ¿Te parece si llego como a las 10:30 u 11?

**Mamá:** Mejor a las 10:30.

**Tú:** De acuerdo, ¡gracias mamá!

Si el plan es regresar a tu casa a media noche pero crees que tus papás tal vez te quieran más temprano en la casa, propón una hora que se ajuste más o menos al estilo y a la forma de ser de tus padres. Si te siguen viendo raro cuando les digas la hora a la que te gustaría regresar, coméntales que pueden llegar a un acuerdo. Al principio puede ser algo molesto tener que llegar más temprano de lo que esperabas, pero una vez que les demuestres que puedes acordar reglas y cumplirlas, estarás lista para pedirles permiso de llegar más tarde en el futuro.

Aunque debes prepararte para un conflicto como si estuvieras en la corte, recuerda que se trata de negociar (no del juicio del siglo). Es posible que tus papás tengan ideas muy raras sobre las citas, pero no pierdas la calma e intenta no levantar la voz. Escucha lo que tienen que decir y deja que conozcan a tu galán antes de salir. Es una petición muy popular de la que no siempre te puedes escapar.

## Las nuevas reglas del romance
### Salir con alguien de Internet

No está demás decir que nunca debes quedar de verte en privado con alguien que conociste en línea. La gente miente muchas veces en Internet, y puedes toparte con un loco. Si vas a ver a alguien que conociste por este medio, lo mejor es salir en grupo. Así tendrás el apoyo de tus amigas si resulta que el chico está loco o simplemente es alguien que quiere más que "platicar contigo y tomar una taza de café".

# 5

# LO QUE ESPERAS DE UNA CITA

Firma un contrato de lo que quieres para tu cita y aprende a reconocer las señales de alerta para salir huyendo

## Pon tus propios límites

Puede que tus papás te den mucha lata, pero tal vez tengan razón. Su radar para detectar el peligro es tan bueno como tu radar para saber cómo pasártela bien.

Las películas que vemos en la tele, los artículos de las revistas y las clases de educación sexual siempre repiten la misma historia a modo de advertencia: un chavo seduce a una chica, la orilla a que haga algo que ella no quiere y acaba emocionalmente lastimada. Esta simple fórmula se ha convertido en parte de la cultura adolescente por una razón muy sencilla: ocurre más seguido de lo que te imaginas.

Quizá sientas que eres demasiado fuerte como para convertirte en la chava de la historia pero, muchas veces, en las citas surgen situaciones inesperadas que pueden tomarte desprevenida y hacer que reacciones de una manera completamente distinta a la normal. Para evitar que se repita el cliché de la chica como víctima, puedes crear un contrato que tú misma firmes y que contenga reglas y parámetros para que, tanto tu nuevo galán como tú, las sigan de cerca en su cita.

En el contrato (que podrás escribir en las últimas páginas de este capítulo) tendrás la oportunidad de establecer *por qué* quieres salir con este chico, *cómo* quieres que te trate, y *cuáles* serán los límites físicos que tendrás para esta cita.

# Define tu motivo

Primero necesitas pensar por qué quieres salir con él (además de que está guapísimo, obvio). La mayor parte de las citas se dan porque te gustaría conocer mejor a ese chavo. Quizás te guste su estilo relajado o su buen sentido del humor en clase, pero realmente no sabes cómo se comportará cuando estén solos.

Por otro lado, si tu motivación para salir con él es que alguien más se ponga celoso o solo para presumírselo a todo el mundo como un sexy trofeo, mejor replantea tus motivos. Si la razón principal es para levantarte el ego, date cuenta desde ya que eso es algo que deberías lograr por ti misma. Si sales con un chavo por las razones equivocadas, seguro alguien saldrá lastimado, y eso dañará tu reputación.

# Decide cómo quieres que te traten

El siguiente paso consiste en decidir cómo quieres que se comporte contigo tu nuevo galán. Y no nos referimos a si te lleva a un restaurante elegante o si te trae flores (aunque eso siempre es *cool*). Nos referimos a aspectos no negociables relacionados con respeto, cortesía y honor.

**Tu chico ideal debe:**

1. escuchar lo que dices y no descartar tus ideas o sugerencias.

**2.** ser afectuoso físicamente, pero no demasiado.

**3.** ser directo y comprensivo.

**4.** ser flexible si se trata de cambiar los planes.

**5.** respetar tus límites y no presionarte para hacer o hablar de cosas que no quieres.

Si identificas cómo quieres que te traten, no solo conseguirás establecer tus propios estándares, sino que también los tendrás presentes durante tu cita. De ese modo, si el tipo no cumple con tus expectativas cuando salgan, será más fácil que te des cuenta en el momento y no después, y que puedas defenderte (o salir corriendo de ahí) si es necesario.

### Las nuevas reglas del romance
#### Teléfono de emergencia

Antes de tu cita, designa a una persona como tu contacto de emergencia para que te ayude si las cosas se ponen difíciles. Elige a un amigo o a alguien de tu familia a quien le puedas llamar para reportarte a una hora acordada y que pueda ir por ti de ser necesario.

## Define tus límites físicos

¿Te acuerdas cuando les dijiste a tus papás cuáles serían los límites en tu cita? Esta parte de tu contrato te ayudará a establecer con claridad y a prepararte para cumplirlos. Tómate un momento para identificar tus alcances en esta cita, físicamente. ¿Qué nivel de intimidad quieres alcanzar con este chico en particular? A lo mejor solamente quieres un tiempo para besarse (si los dos quieren hacerlo), pero sin pasar de segunda base. Tal vez ni siquiera piensas besarlo sino hasta que lo conozcas mejor. (Si apenas sabes algo de este chico, será mejor que esperes un poco más antes de que empieces a repartir amor).

Es fácil dejarse llevar cuando las cosas se ponen ardientes, o dejarte convencer y hacer lo que él quiere sin pensar o actuar por tu propia cuenta. Pero si estableces algunos límites personales antes de la cita (cuando puedes pensar las cosas con claridad) tendrás más posibilidades de mantener los pies en la tierra y de guardarte respeto en ese momento. Sus intenciones y las tuyas pueden no ser exactamente las mismas en cuanto a este punto, pero si se preocupa por ti y acata tus decisiones, ninguna diferencia debe convertirse en un problema.

# Escribe tu contrato

Utiliza el contrato de la siguiente página para delinear lo que esperas de tu próxima primera cita y definir tus límites físicos. (Sí, puedes dibujar los corazones y garabatos que quieras en el contrato). Como tendrás sentimientos distintos por diferentes chicos, y tu opinión cambiará conforme crezcas, tómate un momento para plantearte las reglas cada vez que salgas con un chico nuevo. Esto te ayudará a mantener las cosas bajo control de modo que todo salga bien.

Cuando estés en una cita, pon atención y observa si aquel chico frente a ti cumple con lo que esperas. Si no lo hace, conviértete en tu propia abogada y haz lo que sea necesario para arreglar las cosas. Por último, utiliza este contrato como una guía para tratarlo a él con el mismo nivel de respeto, comprensión y consideración que exiges para ti. (Recuerda que el mundo no gira a tu alrededor).

| Contrato personal de la primera cita | |
|---|---|
| Fecha: | |
| Mi galán: | |
| Motivo (por qué quiero salir con este chico) | |
| Cómo debe comportarse (las reglas sobre el respeto y el trato que quiero recibir) | |
| Mis límites físicos (hasta dónde quiero llegar) | |
| Firma: | |

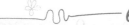

**SEÑALES DE ALERTA**

Cada quien tiene un gusto distinto en cuanto a los chicos. A algunas les gustan los niños bonitos, a otras los hombres misteriosos. Quizás a ti te llame la atención el *nerd* al que le gustan las matemáticas, o a lo mejor el chico deportista. Pero lo que sí es claro es que a *nadie* le gustan los patanes. Ahora que ya pensaste cómo quieres que te traten, ponte las pilas e identifica estas señales de alerta; te serán muy útiles para evitar a los tipos de los que tu mamá tal vez te haya prevenido.

## 1
### Es mucho más grande que tú

Hay chicas que no pueden resistirse al encanto de un hombre mayor, y como las mujeres maduramos más rápido que los hombres, si tu chico tiene un par de años más que tú es probable que sean la pareja perfecta. Pero si el chico tiene veintitantos y la chica es apenas una adolescente, entonces puede haber gato encerrado. Un chico tiene distintas intenciones y objetivos cuando sale con una chica mucho menor, generalmente enfocados al sexo. Hay chavos que piensan que es mejor salir con una chava de 15 porque será potencialmente más fácil de manipular. Si dejas que comprueben que tienen razón, estarás haciendo algo muy tonto para una chica tan inteligente como tú.

DE AMOR Y DE CITAS

## 2
### No cumple con sus promesas

Si llega tarde por ti, o no te llama cuando dijo que lo haría, es probable que esta tendencia a ser desconsiderado se vuelva mayor mientras más confianza te tenga.

## 3
### No quiere conocer a tus papás

Claro, conocer a los papás puede ser de flojera, sobre todo para un chico tímido, pero muchas veces tiene que ser así. Si no quiere conocerlos, tal vez solo esté nervioso. En ese caso, necesitas convencerlo un poco. Pero si de plano no quiere ceder, parecería que quiere mantenerse en el anonimato, y esta es una actitud sospechosa que le brinda muy pocos puntos en el confianzómetro.

## 4
### Siempre piensa en él antes que en ti

Desde permitirte entrar primero por una puerta hasta dejarte decidir qué película van a ver, notarás lo importante que eres para él y qué tanto toma en cuenta de lo que dices y piensas. Si lo único que emite su voz es un "yo, yo, yo", entonces, ¿de verdad crees que eres tú la que le interesa?

## 5

### Llega a la cita sin estar listo

Llegan al lugar y ¡sorpresa! No trae su cartera. Y, lo más importante, ni siquiera se siente apenado y espera que tú le pagues todo. ¡Advertencia! ¡Gorrón a la vista! Puede que seas una mami, pero no eres su mami para pagarle sus cosas. Todo el mundo quiere verse bien cuando da la primera impresión, pero si espera que tú pongas la lana ahora, es probable que después siga dependiendo de ti para que todo le salga gratis.

## 6

### Dice algo que está completamente fuera de lugar

Antes de reaccionar a un comentario tonto de su parte, detente y respira por un momento. Luego, pídele con calma que te explique bien lo que quiso decir. Es posible que hayas malinterpretado su comentario (a veces es difícil entender el sarcasmo mal empleado). Pero, si resulta que realmente habló de forma sexista / racista / homofóbica / o lo que sea, dile que no está padre que se exprese así. Ya estás sobre advertencia: eso es parte de su personalidad y lo más seguro es que no cambie.

## 7
No se controla cuando se enoja

Cualquiera puede sentirse frustrado, pero las cosas pueden ponerse muy feas en el momento que tu chico descarga su frustración en todo lo que le rodea. Si le grita a un empleado del cine, si no puede controlar su ira en el tráfico, o si avienta su celular contra una pared, quizás justifiques su actitud y pienses que no hay problema. ¡Cuidado!, porque seguro en algún momento explotará también contigo. Ya tienes suficiente con que tus papás te regañen, ¿realmente quieres a alguien más que te esté gritando?

## 8
Te pone en peligro

Si se pone a manejar como piloto de carreras *wannabe* o si bebe como borracho en una fiesta, su comportamiento irresponsable no solo puede matar tu pasión, pues tiene todo el potencial para acabar contigo también. Si te sientes incómoda con cualquier situación en tu cita, díselo. Si está en sus cinco sentidos, puede ser que respete lo que quieres y cambie su comportamiento. No tengas miedo de verte como una ñoña. Tienes que pensar primero en tu seguridad ante una situación de peligro.

Si piensas que no se está comportando como debería, llama a tu contacto de emergencia (ver Las nuevas reglas del romance. Teléfono de emergencia), ese amigo o familiar a quien le pediste antes de tu cita que te ayudara en caso de que las cosas se pusieran feas, y dile que vaya por ti. Cuando llegue, dile con calma a tu cita que decidiste regresar a casa. Aunque tus emociones estén desenfrenadas, no lo insultes ni hagas una escena, esto únicamente provocará que la situación se ponga peor.

# 6

# LUCES, VESTUARIO...
# ¡ACCIÓN!

Crea el *look* perfecto para tu cita

## Encuentros cercanos (con tu clóset)

Ya tienes una cita con el chico que hace que se te ponga la piel de gallina (pero en un buen sentido, claro). Ahora es tiempo de responder la pregunta del millón: ¿qué me voy a poner? Tu objetivo: un *outfit* increíble con el que te sientas cómoda para esa increíble velada. No tienes dinero para gastar en un nuevo *look*, y cuando revisas lo que hay en tu clóset, encuentras la misma ropa vieja del año pasado. Pero sabes que tienes algo en tu armario que hace que se te vean bien las pompas. ¿Por qué no han inventado un GPS para moverte por tu clóset?

No te compliques. No necesitas ropa nueva, solo necesitas una nueva forma de ver la ropa que ya tienes. Unos días antes de tu cita programa una consulta privada con tu clóset. Es hora de volver a familiarizarte con las prendas que se esconde detrás de los primeros ganchos.

## Vístete para reflejar quién eres

Lo que dicen sobre la primera impresión es cierto. Aunque tu chico ya te haya visto muchas veces antes, contemplarte por primera vez en una cita le producirá un gran impacto. Pregúntate: ¿cuál es el mensaje que le quiero enviar con mi *look*?

# DE AMOR Y DE CITAS

A lo mejor te quieres ver sencilla y linda. Intenta usar *jeans* y maquillaje ligero. Si quieres demostrarle que eres activa y que estás preparada para lo que sea, ponte unos tenis de un color llamativo y una playerita ajustada. La forma en que te vistas no solo mostrará qué clase de chica eres, pues también determinará el ambiente de toda la cita. Si te arreglas con una falda entubada y tacones, lo más seguro es que tu chico no te lleve al mini-golf o a jugar algún deporte. Si no eres precisamente la chica más atlética del mundo, puede ser que esto te venga bien. Aquí tienes algunas ideas que te ayudarán a vestirte para reflejar quién eres y el tipo de cita que quieres.

### Creativa / artística

**Porque:** no vas a dejar de ir a tu clase de arte por cualquier chico.

**Piensa en:** Jennifer Aniston en *Mi novia Polly.*

**Qué ropa usar:** un vestido asimétrico, zapatos originales, la bolsa que tú misma hiciste hace poco.

### Activa / Sport

**Porque:** quieres a un chico que le guste jugar rudo.

**Piensa en:** Keira Knightley en *Jugando con el destino*.

**Qué ropa usar:** una *tank top stretch*, una falda sobre los pantalones, unos Vans, o cualquier ropa linda con la que puedas moverte.

### El *look* bohemio

**Porque:** te interesa su postura sobre el calentamiento global.

**Piensa en:** Kate Hudson en *Almost Famous.*

**Qué ropa usar:** blusa tejida con cuentas y una falda amplia del tipo casual.

### La *rockstar*

**Porque:** prefieres ver a una banda en un lugar ruidoso que platicar en un café.

**Piensa en:** Dakota Fanning en *Las fugitivas*

**Qué ropa usar:** una camiseta de *rocker*, *jeans* viejos y deslavados, cinturón de cuero con estoperoles. Además puedes aplicarte delineador negro en los ojos.

### Divertida y coqueta

**Porque:** ¿quién no quiere tomarse un Icee hasta que se te congele el cerebro mientras ves la última película de Will Ferrell?

## DE AMOR Y DE CITAS

**Piensa en:** Reese Witherspoon en *Legalmente rubia.*

**Qué ropa usar:** Un suéter muy ajustado, minifalda y balle-
rinas.

### El *look* clásico / toda una dama

**Porque:** la manera perfecta de conocer a alguien es cenar
juntos y tener una conversación profunda.

**Piensa en:** Kate Middleton.

**Qué ropa usar:** una camiseta polo, falda de burbuja y unos
tacone bajitos.

## Diviértete con tu ropa

Ahora que sabes qué mensaje quieres enviar con tu *outfit*,
es momento de sumergirse en el clóset. Pon canciones
que te inspiren en tu reproductor, despeja tu cama, apa-
ga tu cel (bueno, ponlo en vibrar) y mantén tu mente
abierta. Cuando se trata de buscar algo que ponerte los
límites *no existen*.

1. Las opciones más obvias son las prendas que siempre tienes en rotación, o
   sea, las que no dejarías de usar ni muerta, como tus jeans perfectamente
   deslavados o tu nuevo bolso *hobo*. Sácalos de tu armario, o de tu cesto
   de ropa sucia (a menos de que estén asquerosos), y ponlos sobre tu cama.

2. Hurga entre tu clóset y saca cualquier cosa que creas que puede combina con lo que tienes en tu cama. Si hay algo que llame tu atención, pero no estás segura de que se verá bien, sácalo de todos modos. El punto de esto es experimentar. Si la combinación de colores te da nauseas, siempre puedes cambiarte y borrarla de tu memoria. Nadie te verá mientras te pruebas la ropa en tu cuarto (a menos de que olvides cerrar la cortina).

3. Haz lo mismo con la ropa que está en tus cajones. Que no te dé miedo volver a probarte esa blusa tejida que creías haber perdido desde hace años. Podría verse bien con la camiseta de manga larga con estampado de huesos y calaveras. Y no olvides ver en tu cajón de ropa interior: la camisola indicada puede ponerle un poco de clase a una blusa muy reveladora.

4. Ya que tengas todas las opciones posibles sobre tu cama, pruébatelas y combínalas. Rompe tus propias reglas de estilo. Si nunca te pones botas con falda corta, intenta combinarlas, tal vez el resultado te sorprenda.

5. Si algo se veía bonito en el gancho pero no te convence cuando te lo ves puesto, aviéntalo de vuelta en el clóset. (O, mejor aún, haz que tu mamá se sienta orgullosa de ti y vuélvelo a colgar en su gancho). Lo mejor es apartarlo de tu vista para que no te confundas y te lo vuelvas a probar. Si una prenda es linda pero no queda con nada de lo que tienes en tu cama, ni modo: deshazte de ella también.

6. No olvides mirarte al espejo desde todos los ángulos posibles. Las minifaldas son coquetas, pero tienes que dejar algo a la imaginación. Si tu falda no te cubre bien las pompas cuando te sientas en una silla, piensa en usar *leggings*, o de plano una falda más larga.

**7.** Reduce tus opciones a algunos *outfits* y déjalos afuera. Busca zapatos, chamarras o accesorios que vayan con los *looks* que hayas seleccionado. Ahora, ya tienes tres opciones para el día de tu cita. Eso te permitirá ser flexible; el atuendo ganador dependerá de tu humor en ese momento.

**8.** Ya te puedes dar una palmadita en la espalda. (Pero no vayas a ensuciar tu blusa). Y por si fuera poco date una felicitación extra si lograste convencer a tus papás de que todo ese tiempo estuviste haciendo la tarea.

## Pon a prueba tu estilo

Nunca sabes cuándo te fallará tu *outfit*. Puede ser que la falda pareo se deshaga con el viento, que tu ropa interior se asome por encima de tus *jeans* a la cadera, aunque bueno, Janet Jackson enseñó *boobie* en el Super Bowl XXXVIII frente a millones de televidentes. Una prenda que parece perfecta cuando estás quieta frente al espejo puede resultar desastrosa en movimiento, y el peor momento para que tu ropa te juegue una mala pasada es a la mitad de tu cita. Lo que necesitas es salir con el atuendo que hayas seleccionado para probarlo.

Antes de partir, usa tus posibles *outfits* en tu cuarto. Considera estos factores: ¿el escote de tu blusa cuelga demasiado cuando te sientas y te inclinas hacia delante? ¿La persona atrás de ti te va a ver todo cuando vayas subiendo las escaleras? ¿Puedes brincar y mantener toda tu ropa (y tus *boobs*) en su lugar? Quizás te sientas tonta haciendo todo este *show*, pero correr, saltar, estirarte e inclinarte te ayudará a decidir si tu *outfit* es apto para citas o si es un oso a la espera de suceder. (Además puedes quemar algunas calorías mientras lo haces).

Si todavía no estás segura de que estás controlando tu ropa o tu ropa te controla a ti, pide la opinión de alguien más. Tu mamá o la más cruel y honesta de tus mejores amigas pueden ayudarte a resolver todas tus dudas.

### Las nuevas reglas del romance

Hay que saber taparse

Que no te pase lo que a Lindsey Lohan, a Britney o a Paris Hilton: no le enseñes a tu galán las partes que no le enseñarías ni a tu mejor amiga. Cuando vayas a salir de un auto y tengas puesta una falda, junta las piernas, ponlas al mismo tiempo fuera del auto y después sal por completo.

## Luce increíble en segundos

De la nada, tu nuevo ligue te pide que se vean en el centro comercial. ¡En una hora! ¡Y te toma casi 30 minutos llegar! Dile: "Claro", con toda la calma del mundo. Eres ingeniosa y espontánea. Y, lo más importante, ya tienes lista la siguiente estrategia para estar preparada en caso de tener una cita de último minuto.

Un esquema de tonos es un grupo de colores complementarios, como tres o cuatro. Cada grupo crea un tema que le da unidad a un cuarto, un baño, o hasta una línea de ropa. Los gurús de la moda usan sus propios esquemas de tonos todo el tiempo para crear *outfits*, y ahora tú también puedes hacerlo.

Para crear tu propio esquema de tonos, elige tres de los colores que más usas y que puedan combinarse. Aquí te damos algunos ejemplos.

| | | |
|---|---|---|
| **negro** | **rojo** | **fucsia** |
| **hueso** | **café** | **gris** |
| **verde claro** | **verde militar** | **azul marino** |

Crea tu propio esquema de colores:

| color 1: | color 2: | color 3: |
|----------|----------|----------|
| _____ | _____ | _____ |

Saca de tu clóset toda la ropa que esté dentro de este esquema y ponla sobre tu cama.

Haz tu top 5 con tus prendas favoritas (1 es el más alto).

1. _____
2. _____
3. _____
4. _____
5. _____

También haz tu top 5 de prendas básicas (las más versátiles y que mejor te quedan, como tus *jeans* favoritos, una blusa blanca o un abrigo clásico).

1. _____
2. _____
3. _____
4. _____
5. _____

## DE AMOR Y DE CITAS

Haz una lista con los accesorios y los zapatos que quedan mejor con el esquema de colores que elegiste.

1. _____
2. _____
3. _____
4. _____
5. _____

Coordina las listas para crear *outfits* completos. Luego, haz la prueba y sal con ellos para comprobar si te funcionan.

La próxima vez que necesites un conjunto lindo de último minuto, busca tu *outfit* prediseñado (perfúmalo si es necesario) y estarás lista para salir.

# 7

# CUERPO, MENTE Y BOLSA
*Tips* para estar lista sin paniquearte

# Producción de último momento

En teoría, deberías estar relajada una hora o dos antes del inicio de tu cita. Ya superaste los peores obstáculos cuando luchaste contra tus papás y contra tu clóset. Ahora solo falta alistarte.

En ese instante, ni siquiera tendrás que pensar en qué ponerte porque ya creaste tu *outfit* a prueba de errores. ¿Qué tan difícil puede ser ponértelo? Pero, justo una hora antes de salir, parece que los problemas surgen de la nada: de pronto tu cabello no quiere obedecer las leyes de la física, el armario se tragó tu bota izquierda, y el reloj parece avanzar dos veces más rápido de lo normal. Aquí te damos cinco *tips* para evitar el pánico del último momento.

## No te compliques

Este no es buen momento para ponerte a experimentar. Algunos de los mejores *looks* de todos los tiempos han surgido de decisiones de último minuto (como el famoso cabello corto de Mia Farrow). Pero a menos de que tengas el teléfono de un estilista de celebridades entre tus números frecuentes, lo mejor es probar nuevos estilos con tu cabello o de bronceado mucho antes de tu cita (como sucede con lo que te vas a poner). Si no tienes el método comprobado desde antes, quédate con las estrategias de peinado y maquillaje que ya conoces, así tu tiempo de preparación estará bajo control y reducirás notablemente tus niveles de estrés.

## Cuidado con el tiempo

Las personas que dicen pensar mejor mientras se bañan tienen razón. El vapor y el agua caliente; un momento lejos de tu extraña familia; bloqueo visual de tu ropa, maquillaje, teléfono, libros y de tu vida, pueden crear el ambiente perfecto para la reflexión, para soñar despierta y hasta para cantar. Pero también es una gran forma de perder el tiempo. Quizás hayas descubierto la clave del universo mientras estabas sumergida en tu tina, pero también perdiste la noción del tiempo y ya tienes 45 minutos de retraso. Tus pensamientos más profundos pueden esperar, así que ahórrate el estrés del tiempo y date una ducha rápida. (Si es necesario pon una alarma a los 10 minutos). Te sentirás mejor si gozas de más tiempo para prepararte fuera del baño.

## Mantén un ritmo constante

Si una tarea que normalmente es rápida y simple se vuelve complicada y consume más de un cuarto del tiempo que tenías previsto para prepararte (tu habilidad para delinearte a la perfección desaparece o quieres hacerte un chongo y te sale un chango), lo peor que puedes hacer es obsesionarte con eso. Cuando intentas hacer posible lo imposible se te va el tiempo como si vieras un episodio tras otro de tu programa favorito.

En lugar de preocuparte, piensa en soluciones alternativas para tu problema. Siempre habrá otra forma de lucir como quieres. Únicamente debes tener la mente abierta y estar dispuesta a ajustar tu *look*.

## No hagas cambios drásticos

Si intentas cortar, teñir o ponerte cera en el cabello justo antes de una cita, puedes causar un desastre. Lo mismo ocurre con las limpiezas, mascarillas y otros tratamientos en la piel. Normalmente lleva una o dos semanas ajustarse a un *look* desteñido inspirado en Gwen Stefani e incluso más tiempo para que tu piel se reponga después de un tratamiento. Lo último por lo que deberías preocuparte en una cita es que tu chico no quite los ojos de tu nuevo corte asimétrico. (Por cierto, si le presta demasiada atención tal vez sea un poquito gay). Para prevenir cualquier pánico de último minuto, no olvides que cualquier facial, corte u otro tratamiento de belleza debe hacerse con mucha anticipación.

# DE AMOR Y DE CITAS

## Siéntete a gusto contigo misma

A pesar de los pequeños desastres que hayan surgido a la hora de arreglarte, lo más importante es que olvides los detalles. Antes de salir, recuérdate lo sexy que eres y mantén esa actitud durante toda la velada. Es obvio que le gustas a tu galán sin importar cómo te hayas peinado, o en primera no estaría saliendo contigo. Si los astros se alinean y tu cabello se ve perfecto, da gracias al cielo. Si no es así, ajústate a lo que tengas, la confianza en ti misma supera hasta el peor de los contratiempos.

## Ya lo tienes en la bolsa

Ha llegado el momento de preparar tu bolsa. Repasa el siguiente *check list* antes de salir para asegurarte de que llevas todo lo que necesitas para mantenerte fresca, cómoda y segura durante toda tu cita. Fíjate en que todo lo que llevas quepa sin problemas dentro de tu bolsa; de lo contario habrá una explosión de maquillaje.

- **Tu cel cargado y en la opción de vibrar.** Es importante mantener encendido tu teléfono, pero nada es peor en tu cita que un tono ruidoso en tu celular.
- **Dinero.** Lleva lo suficiente para pagar la parte que te corresponda de todas las actividades que hagan. Lo más probable es que él quiera invitarte, pero si das esto por sentado puede haber situaciones incómodas.

- **Más dinero.** Debes apartar algo de efectivo para pagar un taxi en caso de una emergencia.
- *Gloss* **y otros artículos de maquillaje.** Intenta verte siempre natural. Si te la pasas poniéndote capas y capas de maquillaje toda la noche acabarás con un *look* horrendo a lo Amy Winehouse.
- **Un seguro o cinta adhesiva.** No te quitan mucho espacio en tu bolsa y pueden ser de gran utilidad si se presentan problemas con tu ropa, especialmente en eventos formales.
- **Mentas o chicles.** Ni siquiera necesitamos decirte para qué.
- **Llaves.** Obvio.
- **Algún detalle para compartir con tu galán.** Puede ser cualquier cosa, desde tus cacahuates japoneses favoritos (para comer durante la peli) hasta videos cargados en tu iPod (para entretenerse en la fila).

### Las nuevas reglas del romance
#### Mantén la máquina limpia

Ten cuidado con lo que tomas antes (y durante) tu cita. Si esperas una sesión de besos, evita fumar, tomar café o bebidas con mucha azúcar, porque el aliento que te dejan puede acabar con el romance. Además, los gustos culposos como la cafeína, la sacarina o la nicotina pueden ponerte ansiosa y hasta un poco temblorosa.

## Mentalidad para la cita

¿Te has dado cuenta de cómo los nervios pueden convertir tu "yo" encantador en tu "yo" hiperactivo que no para de hablar? ¿O cómo tu "yo" que no puede estarse quieto o desaparece, dejando en su lugar una chica que se queda muda de repente? En una primera cita, no siempre se pueden controlar estos cambios temporales de personalidad: en efecto, las mariposas en el estómago se te pueden ir directo a la cabeza. Pero existe un ritual que te ayudará mentalizarte para que salga tu lado Lady Di y no tu lado Lady Desastre.

Para lograrlo, asigna 10 o 20 minutos de tu rutina para ponerte en estado *zen* y proyectar la magia. La estrategia de relajación dependerá del grado de distracción que necesites (y que varía según el chavo, qué tanta energía tienes y cuánto tiempo hayas pasado peleándote con los rizos más rebeldes del universo).

Si tu cita es después de trabajar o después de un maratón de gritos con tu hermano mayor, toma una siesta para recuperarte, o un tómate una bebida energizante, para contrarrestar la fatiga y ponerte de buenas. Si tu mente viaja en el tren de "no puedo pensar en otra cosa que no sea este chico", tal vez encontrar una buena distracción, como conectarte a Internet y ver videos en YouTube o platicar con una amiga, le ponga freno a tus pensamientos. El punto es estabilizar cualquier desequilibrio de energía que tengas para llevarte a un estado de relajación, de modo que tu "yo" natural pueda brillar. Navega en el diagrama de flujo de la página siguiente para equilibrar tu energía y encontrar tu estado *zen* antes de tu cita.

# Diagrama de flujo para estar *zen* antes de tu cita

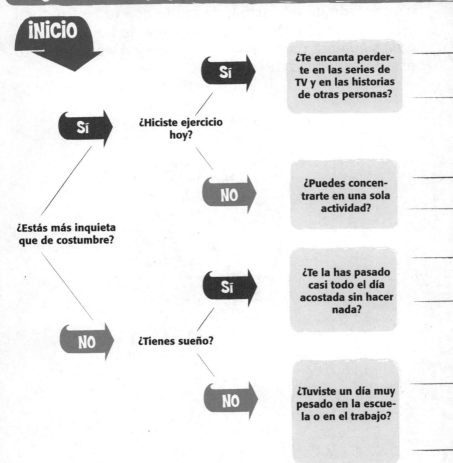

**iNICIO**

**Sí**

¿Hiciste ejercicio hoy?

**Sí** ¿Te encanta perderte en las series de TV y en las historias de otras personas?

**NO** ¿Puedes concentrarte en una sola actividad?

¿Estás más inquieta que de costumbre?

**NO** ¿Tienes sueño?

**Sí** ¿Te la has pasado casi todo el día acostada sin hacer nada?

**NO** ¿Tuviste un día muy pesado en la escuela o en el trabajo?

**Sí** → Checa tus blogs favoritos en Internet o haz cualquier cosa que mantenga tu mente ocupada

**NO** → Ponte a bailar. Escucha tus canciones favoritas para la fiesta y libera un poco de esa energía acumulada.

**Sí** → Haz algunas posiciones de yoga, o sal de paseo con tu perro para activarte.

**NO** →

**Sí** →

**NO** → Toma una siesta. 15 minutos para descansar los ojos te brindarán la energía que necesitas.

**NO** → Habla por teléfono con una amiga hasta que te sientas mejor.

**Sí** → Recuéstate y relájate hasta que llegue tu *date*.

# 8

# ¡TRÁGAME TIERRA!

## Cómo sobrevivir a los osos de una cita

# Cómo evitar los desastres

En un mundo perfecto, nunca tendrías cólicos, no importarían las faltas en la escuela y todas las citas serían un sueño maravilloso del mundo de Barbie. En la vida real, incluso las citas más prometedoras traen consigo uno que otro percance vergonzoso. Así que lo que necesitas es un arsenal de *tips* de supervivencia para que te ayuden a rescatar el día... y tu dignidad. Aquí te damos cinco situaciones de ¡trágame tierra! que pueden suceder en una cita, y sus respectivas formas de salir de ellas con gracia.

## Interacción y mortificación con los padres

Que los papás te saboteen cuando tu chico llega por ti es una forma de tortura que ha sido empleada por siglos para petrificar a cualquier adolescente. Por fortuna, algunos padres han evolucionado lo suficiente como para no espantar a tu galán, aunque no todos. (Imagínate a tu papá mostrándole a tu chavo su colección de rifles mientras tu hermana los acompaña y lo interroga sobre su habilidad para manejar. ¡Ouch!). De ti depende terminar con esta situación de inmediato, rescatar a tu hombre y salir huyendo de ahí tan rápido como puedan, claro, sin que tus papás se enojen.

Lo primero: hablar con tus papás antes de tu cita sobre cómo deben comportarse con el galán. Tranquilízalos y diles que lo vas a invitar a pasar para que puedan saludarlo rápidamente. Eso sí, exprésales claramente cuáles son tus expectativas y pídeles que por favor no haya pláticas interminables ni una sesión para mostrarle tus fotos de bebé.

Segundo: tu familia debe saber que *nadie* puede abrir la puerta más que tú. Si ellos no quieren seguir esta instrucción, espera junto a la puerta unos 10 o 15 minutos antes de que llegue tu cita, o pídele que te envíe un mensaje cuando esté cerca de tu casa. Así, podrás supervisar su entrada y esquivar cualquier intervención hostil de parte de tu familia.

Cuando llegue el momento de presentarlo, quédate siempre a su lado, de modo que puedas guiar la conversación y, lo más importante, que tengas la oportunidad de cortar la plática y no te pases la mitad de tu valiosa cita con tus papás. Cabe mencionar que también se sentirá más seguro si te encuentras cerca.

## El silencio incómodo

Le puede pasar hasta a la chica más parlanchina: ese momento a la mitad de la cita donde nadie tiene nada que decir. Incluso si tienen muchas cosas en común, algunas veces pueden agotarse los temas de conversación. Y, efectivamente, parece que esos momentos siempre suceden mientras está sonando de fondo una cursi canción de amor. ¡Agh!

Es probable que tu chico y tú estén nerviosos si es la primera vez que salen. Si a este factor le sumamos el hecho de que no han vivido muchas cosas juntos, el resultado no es precisamente el mejor escenario para una conversación sin límites. Aunque esos pocos instantes de silencio pueden parecer una eternidad, una forma a prueba de errores para revivir una conversación consiste en preguntarle a tu galán algo sobre él.

A la mayoría de los chicos les encanta sentir que alguien se interesa por sus vidas. Hacerle preguntas sencillas, como ¿qué hace en su tiempo libre?, ¿cuál es su peli favorita de este año?, o incluso ¿qué hizo el fin de semana pasado?, es una buena forma de iniciar una conversación, y además te permite descubrir aquello que puedan tener en común.

Cuando empiezas a salir con alguien, lo mejor es evitar preguntas demasiado personales. Ya tendrás tiempo de preguntar sobre temas controversiales de política o cuestiones más íntimas, como por qué se divorciaron sus papás. Ten en mente que los chicos no siempre son tan buenos para hacer plática como las chicas. Si él no es muy bueno para mantener el ritmo de la charla, sigue trabajando para guiar el diálogo hacia un terreno más conocido y divertido. Después de algún tiempo juntos, desarrollarán un mejor ritmo.

## Acercamientos sorpresivos

¿Qué pasa si él roza tu *boobie* sin querer al tomar la catsup mientras comen pizza? ¿Y qué tal si por error tocas "las joyas de la familia" cuando intentas tomar las palomitas del bote que tiene en las piernas? La mejor manera de aminorar el estrés que provoca el momento vergonzoso es disculpándose, o bien aceptar su disculpa, después seguir con la conversación y desviar la atención hacia otra cosa.

Esquivar los acercamientos físicos *intencionales* puede ser más difícil. Si hace algo que vaya más allá de los límites que habías establecido en tu contrato de intenciones, dile que todavía no estás lista para ese tipo de contacto pero que te gustaría descubrir si en el futuro pueden llegar a ese punto. Luego, trata de guiar la conversación hacia algo más casual para demostrarle que no piensas dar señales que te contradigan. Si persiste, hazle saber de nuevo lo que sientes con un tono de voz más firme y dile que no te gusta esa clase de presión. Si no se detiene, llama discretamente a tu contacto de emergencia y termina con tu cita antes de que te obligue a hacer algo que no quieras.

Si él es quien no está listo para la acción, dile que respetas su decisión y que te gustaría que pasaran más tiempo juntos para conocerlo mejor.

## Insinuaciones accidentales y otras metidas de pata

Cuando estamos nerviosas o sentimos que todas las miradas recaen sobre nosotras, es fácil que se nos salga algún comentario tonto. A todas se nos han escapado (accidentalmente) frases con doble sentido o comentarios hirientes o insensibles. Muchas veces, nos damos cuenta de lo que dijimos demasiado tarde, cuando las palabras ya están afuera. Justo después de nuestra metida de pata, tratamos de arreglar las cosas y entonces la situación se vuelve aún peor.

Aprende de las famosas despistadas, quienes con el tiempo han aprendido a reparar los incontables errores que cometen en público. Reconoce que te equivocaste (debes estar lista para reírte de ti misma) y sigue con tu vida. Esto demuestra que no te tomas las cosas tan en serio. También le dará la oportunidad a tu chico de relajarse. Sonará extraño, pero si tienes problemas mentales, (o reales) y los expresas, podrías romper el hielo. De ese modo, superarían las apariencias y hasta podrían declarar su lado *freak*.

## Accidentes biológicos

No todas las catástrofes que pueden ocurrir durante tu cita surgen de metidas de pata y errores de cálculo. Puede ser que la velada vaya mejor de lo que imaginabas, pero a veces, en el momento en que tu galán hace el comentario perfecto o tiene un gesto lindo contigo, tu cara se pone roja como jitomate o tu estómago comienza a hacer ruidos extraños por los nervios.

Para que tu cuerpo pueda regresar a la calma, discúlpate para ir al baño y respira profundamente por unos instantes. Recuérdate que simplemente saliste para pasártela bien y, si no arruina tu maquillaje, refresca tu cara y cuello con una toalla de papel húmeda. Cuando estés de vuelta, estarás lista para continuar con tu cita con una actitud natural y segura de ti misma.

# 9

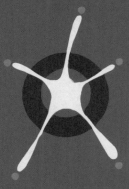

# ESCAPA CON ÉL (O DE ÉL)

Cómo pasar al siguiente nivel o huir de tu cita

# Evalúa la situación

Ya estás en tu cita. Y te la estás pasando increíble. O tal vez no. En algún momento tendrás que decidir si quieres que el romance siga o si debes salir huyendo.

## Que el romance continúe, por favor

Si todo va de maravilla, debes asegurarte de que siga así. Ten en cuenta estas sugerencias básicas.

### Escúchalo con atención

Cuando hables con él, dale tiempo para que concluya su intervención. Si lo interrumpes y hablas a la mitad de su frase, te verás como un perico que no para de hablar y darás la impresión de que solo puedes pensar en ti misma y esa definitivamente no es tu verdadera personalidad.

### Recuerda lo básico

Aunque parece de lo más obvio, decir "por favor" y "gracias", es muy importante. Estos pequeños detalles son una forma fácil y considerada de reconocer la amabilidad de tu chico (y de otras personas) durante tu cita.

### No olvides los modales en la mesa

Una vez más, las mamás tienen razón: algunas cosas nunca pasan de moda, como disculparte cuando te vayas a poner *lipstick*, tratar a los meseros con amabilidad, no poner tus brazos sobre la mesa y masticar sin hacer ruido.

### Dile cómo te sientes

Si te la estás pasando bien, exprésalo. No tienes que gritar "¡me encantas!" de repente, pero puedes simplemente decirle algo como: "Me divertí mucho en los *gokarts*. Gracias por invitarme", para que sepa que estás a gusto y aprecias lo que hace por ti. Además, eso también lo hará sentirse bien.

### Las nuevas reglas del romance
#### No te hagas la indecisa

Decidir entre pastel de chocolate o pay de manzana no debe tomarte más de 10 minutos. El síndrome de "lo que tú quieras", tal vez provenga de una intención de lo más dulce y sincera; pero puede dejar de ser lindo y convertirse en algo molesto rápidamente. Que no te dé miedo decir lo que prefieres. Esto demuestra que sabes lo que quieres y que tienes buen gusto. Al final, esto también hace ver bien a tu galán. Después de todo te gusta él, ¿no?

## Cómo emprender la huída

Claro que, con todo lo divertido del coqueteo y las emociones que *pueden* existir en una cita, no todas son totalmente increíbles, y algunas llegarán a ser de plano horribles.

Si tu chico se la pasa hablando de *su* habilidad para el tiro con arco, *su* supertrabajo revelando fotos y *su* rutina en el gimnasio, a lo mejor te preguntes: "¿en dónde quedó ese chavo por el que moría de ganas por salir?".

A nadie le gusta sentarse a escuchar a un ególatra hablar todo el tiempo de sí mismo o andar con alguien que parece que hasta el plato principal que ordenó grita "aburrido".

# DE AMOR Y DE CITAS

Si a mitad de tu cita te das cuenta de que estás saliendo con un gañán en vez de un galán, lo mejor es que sigas hasta que acabes con la actividad en curso. Termina de cenar, o lo que sea que estés haciendo, y vete después de que termines esa parte de tu cita, aunque eso signifique no pedir postre. ¿No sabes qué decir cuando ya te quieres ir? Aquí de damos algunas planes de escape que puedes usar.

## El pretexto de "estoy cansada"

Explícale que tuviste un día muy pesado y dile que te sientes demasiado cansada para quedarte más tiempo.

## El pretexto de "estoy muy estresada"

Cuéntale que no puedes relajarte porque estás preocupada por un examen muy importante, una competencia, o lo que sea, que vas a tener al día siguiente. Dile que preferirías irte a casa para relajarte.

## El pretexto de la emergencia

Programa tu cel para que suene a una hora determinada, o mándale un mensaje de texto a una amiga cuando vayas al baño para que te llame por una "emergencia". Cuando llame dile: "Pasó algo serio. Perdón, pero me tengo que ir".

## La verdad

Y, claro, también está la novedosa idea de ser sincera con el chico en cuestión y decirle: "Creo que quiero irme a mi casa". Si decides salir corriendo, no compliques las cosas hablando de más, pues lo más seguro es que acabes por lanzar algo hiriente o que arruines tu intento de ser honesta con una mentira mucho menos creíble que cualquiera de los pretextos anteriores.

### Las nuevas reglas del romance
#### Deja una puerta abierta

Si sales con un chico que no conoces muy bien, es buena idea que tengas un plan de escape en caso de una emergencia. Al principio de la cita, dile que tu hora de llegada es más temprano de lo que realmente es. Si las cosas salen bien y quieres quedarte otro rato con él, dirígete al baño y cuando regreses dile que tus papás te dieron permiso para quedarte más tiempo.

# 10

# ¿HASTA LUEGO O HASTA NUNCA?

Cómo conseguir (o evitar) la segunda cita

## Es el final de tu cita. ¿Hora de apagar tu teléfono?

Lo lograste. Conseguiste tu cita, te preparaste para ella mejor que para tus exámenes finales, y ya saliste con tu galán. Ya estás de vuelta en casa y te fue de maravilla (o de pesadilla) en tu *date*.

¿Y ahora qué?

Si prefieres que te torturen a volver a salir con ese chico (como si no hubiera sido suficiente martirio la primera cita), ten compasión de él si te llama (de nuevo, no todo el mundo gira a tu alrededor). Dale las gracias por la cita, pero dile que no te interesa volver a salir. Claro que es mucho más fácil no contestarle cuando te llama, pero sería cobarde de tu parte. Además, lo mejor es cortar por lo sano (y antes de que empeoren las cosas) en vez de tener que estar escondiéndote de él.

Si corres con la suerte de sentirte perdidamente enamorada después de tu cita, espera unos días a que bajes de las nubes para hablarle por teléfono. Hazle saber que te la pasaste muy bien y, si sientes que es lo indicado, pregúntale si quiere salir otra vez. (O a lo mejor él te lo pregunta). Si quedan de salir en una segunda cita, empieza a planear tu *outfit* desde ya.

## Las mejores segundas citas

Ahora que ya superaste la primera cita, puedes planear algo aún mejor para la segunda. Como en tu primera cita ya viste qué tan compatibles son, puedes diseñar una segunda cita más original, una cita fuera de lo común.

### Un paseo en auto

En aquellos días en que la Ford producía el Modelo T en sus líneas de ensamblaje, la gente salía a pasear en auto como pasatiempo para relajarse. Parece que fue hace siglos cuando la cultura del auto se trataba de tranquilos paseos para explorar y no de la histeria del tráfico, pero tú y tu chico pueden recuperar el sentido de aventura de antaño dando un paseo en auto en su segunda cita.

Pero no lo malinterpretes. Salir en auto por caminos empinados para ir a un mirador con una hermosa vista no se trata solo de lo que puede pasar en el asiento trasero. Además, ir en auto de noche a un lugar solitario en la montaña probablemente no sea muy seguro si vas con un chico que no conoces tan bien. Pero un paseo durante el día que te aleje de los amigos, los papás y las plazas comerciales puede ser la manera perfecta de explorar algunas bellezas naturales y, al mismo tiempo, conocer mejor a tu galán.

**La ventaja:** pasar más tiempo a solas con tu chico.

**Perfecto para:** la amante de la naturaleza a quien le gustan los planes sencillos.

### Toma una ruta inexplorada

¿Puedes recordar cada una de las veces que has ido con tu mejor amiga a ver una película? Las salidas más trilladas suelen verse borrosas en la memoria. Si quieren planear una cita que jamás olviden, planeen algo que ninguno de los dos haya hecho antes. Puede ser desde simplemente caminar por un puente cerca de casa, o explorar alguna parte de la ciudad que no conozcan, hasta jugar lotería en una feria local. Busca información sobre eventos poco comunes en tu área  en periódicos o en carteles (hasta un festival del acordeón puede ser un evento muy cómico). No dejes fuera actividades extrañas con muchos puntos en la escala del entretenimiento irónico (sí, hasta la lotería). Si van a un evento de autos monstruo sin mucha promoción, pueden satisfacer el apetito de tu chico por la destrucción y tu debilidad por los camiones gigantescos.

**La ventaja:** cosas extrañas que nunca verás en la televisión.

**Perfecto para:** la chica a quien le gusta probar de todo al menos una vez.

# DE AMOR Y DE CITAS

## ABC de las citas

¿No tienes idea de qué hacer además de ir a ver una peli y comer pizza? Deja que la suerte decida por ti. Pueden elegir una letra del alfabeto y luego pensar en una actividad que comience con esa letra. Si eligen B, vayan a ver un juego de beisbol; si sale K, vayan a un karaoke; L, pueden ir al lago a pasear en un bote de remos.

**La ventaja:** pueden ser espontáneos y además tener mucho material para conversación.

**Perfecto para:** la chica indecisa o que decide todo a última hora.

## Usa tus palancas

Si quieres una aventura fuera de lo común, habla con tus familiares, amigos y otras personas que conozcas sobre sus trabajos o *hobbies* para que se te ocurran algunas ideas. Por ejemplo, si el novio de tu hermana es guía de viajes en kayak puede ofrecerse a ser su guía en tu cita. La mayoría de los empleados de zoológicos, museos y cines obtienen descuentos para sus amigos, claro que se los tienes que pedir con amabilidad. O si eres niñera de los hijos del gerente de un campo de gotcha, puedes cuidar a sus hijos a cambio de pases gratis para el campo. Todo lo que necesitas es ser algo creativa y ponerte a investigar un poco.

**Las nuevas reglas del romance**

R-E-S-P-E-T-O

Las personas tienden a sentirse más cómodas en una segunda cita, pero no es pretexto para dejar de mostrar respeto por tu chico (en especial en cuestiones personales). Si deja su cartera sobre la mesa cuando va al baño, no te pongas a fisgonear en ella. Si hay alguna cosa de la que no quiera hablar, lo mejor es no insistir. Si siguen pasando tiempo juntos, compartirá más cosas contigo cuando esté listo para hacerlo.

## Qué hacer después de tu cita

Las primeras citas, como muchas otras cosas en la vida, son un juego de azar. La mitad de las veces, te darás cuenta de que ni siquiera te gusta el chico por quien te estresabas tanto. La otra mitad de las veces, sentirás que la cabeza te da vueltas por la experiencia y desearás repetirla. Sea como sea, anotar lo que sucedió es una excelente manera de recordar tus experiencias y, de paso, evitar los *outfits* usados o los planes ya realizados.

Estas últimas páginas van dedicadas para ti. Úsalas para darle una calificación a tu cita y desahogarte de todo lo que simplemente no puedes decirle a tu mamá. Lo más probable es que tengas muchas primeras citas con muchos chicos a lo largo de toda tu vida (a menos de que te vayas a casar mañana), y estas páginas te servirán como una manera entrañable y entretenida de registrar las fantásticas (o espantosas) experiencias románticas que te han convertido en la experta en citas que eres.

**Con quién salí:** _____
**Qué me puse:** _____
**A dónde fuimos:** _____
**Cuándo:** _____
**Mi calificación:** _____
**Los detalles:** _____

**Con quién salí:** _____
**Qué me puse:** _____
**A dónde fuimos:** _____
**Cuándo:** _____
**Mi calificación:** _____
**Los detalles:** _____
_____

**Con quién salí:** _____
**Qué me puse:** _____
**A dónde fuimos:** _____
**Cuándo:** _____
**Mi calificación:** _____
**Los detalles:** _____
_____

**Con quién salí:** _____
**Qué me puse:** _____
**A dónde fuimos:** _____
**Cuándo:** _____
**Mi calificación:** _____
**Los detalles:** _____
_____

## Sobre la autora

Erika Stalder vive en California y ha escrito varios libros para adolescentes. También publica una columna de consejos para chavos junto con el exitoso programa de ABCfamily.com, *The Secret Life of the American Teenager* y ha hecho contribuciones en numerosas revistas, como *Planet* y *Wired*. Puedes visitar su sitio web: erikastalder.com para saber más sobre citas para adolescentes, moda y belleza.

## Agradecimientos a:

Alysse Aguero, Hayley Benjamin, Jamie Chambers, Mike Cossey, Alison Frenzel, Curtis Gaylor, Joe Guadarrama, Evan Kristiansen, Diane Kwan, Bob Larsen, Matt Mcguire, Megan Morrissui, Eleni Nicholas, Aphrodite Obezo, Cassandra Pena, Andie Savard y Jo Stalder.